Le G. Q. G. AMÉRICAIN
à CHAUMONT

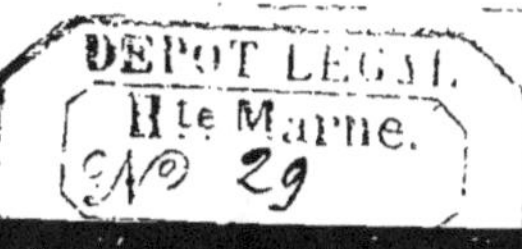

CHAUMONT. — IMPRIMERIE DE L'EST

LE

G. Q. G. AMÉRICAIN

A CHAUMONT

par M. Charles GASCARD, Rédacteur en Chef du *Petit Haut-Marnais*

CHAUMONT. - Imprimerie de l'Est

1923

L'INTERVENTION AMÉRICAINE

Le 4 Avril 1917, le Congrès des Etats-Unis proclamait l'état de guerre avec l'Allemagne.

Ce jour là, un grand acte s'accomplissait. Il produisit une immense impression dans le monde entier.

En France, il fut accueilli avec enthousiasme.

Un peu plus tard, au cours de la conférence qu'il fera à Chaumont sur la coopération américaine, M. Bouglé, de la Sorbonne, nous apprendra, à notre grand étonnement, combien fut lente, laborieuse, l'évolution du peuple Américain vers la guerre.

Qu'importe ?

Mais si il importe. Si cette évolution s'échelonne sur des mois et des mois, c'est qu'elle était méthodique, raisonnée. Et la décision d'avril 1917 gagnait en sincérité, l'intervention militaire de la grande République sœur allait gagner en volonté agissante du fait qu'elle se produisait à maturité.

L'opinion française ne s'y méprit pas. Elle avait raison.

Les Américains devaient prouver, bientôt, que, résolus à la guerre, ils sauraient faire la guerre.

Et dès le 15 juin, le général Pershing arrivait en France. Et dès juillet débarquaient dans nos ports de l'Atlantique les premiers soldats américains.

Un ordre du jour du général Wirbel

commandant la 21e Région

A Chaumont, l'Hôtel-de-Ville avait été pavoisé aux couleurs françaises et américaines ainsi que de nombreuses maisons particulières, dès l'annonce de la grande nouvelle.

Dans un ordre du jour adressé aux troupes de son commandement, le général Wirbel écrivait :

« La Nation de paix par excellence, la calme mais fière Amérique, s'est sentie remuée jusqu'au fond d'elle-même par les crimes de nos ennemis.

« Bien que par sa situation elle eut pu vivre éloignée du conflit, elle est venue, énergique et résolue, se ranger à nos côtés.

« Quelle force incomparable nous donne cette nouvelle et si puissante alliance. »

Il est inutile d'ajouter que la population civile s'était associée de tout son cœur aux paroles du Commandant de la 21ᵉ Région.

Une première cérémonie Franco=Américaine

au Théâtre

Le 14 avril une première cérémonie consacrait la fraternité d'armes franco-américaine, dans toute la France, ou plus exactement dans l'enseignement secondaire de France.

A Chaumont, elle avait lieu au théâtre municipal, en présence des élèves du Lycée, des deux Ecoles normales et de l'Ecole primaire supérieure.

Cérémonie empreinte de simplicité, comme il convenait à deux grandes démocraties résolues à opposer l'alliance de la force et du droit à la force brutale. M. Clermont, proviseur du Lycée, lut des discours prononcés au Parlement en l'honneur des Etats-Unis ainsi que l'ordre du jour du général Wirbel.

L'Hymne américain et la Marseillaise mariaient ensuite leurs accents, consacrant, par là, les sentiments de solidarité et de fraternité qui s'affirmaient entre la France et les Etats-Unis

Mais Chaumont allait vivre en communion beaucoup plus étroite avec les Américains.

On apprenait, dans le cours de juin, qu'il avait été désigné pour être le siège du G. Q. G. américain.

Ce fut d'abord de la surprise en présence du grand honneur, de l'honneur inattendu qui était dévolu à notre cité.

La joie succéda rapidement à la surprise. Et dès lors, Chaumont s'enquit de tous les faits et gestes des américains non plus seulement à un point de vue général, mais à la façon d'un hôte qui attend des étrangers dont il ne sait rien d'eux, sinon qu'ils sont des personnages de marque, dignes de considération, et animés des intentions les plus bienveillantes.

Le nom de Pershing était devenu populaire. On l'acclamait déjà intérieurement tandis que le généralissime américain recevait l'hommage du Sénat français (17 juin).

Les 3 et 4 septembre 1917, les premiers officiers américains arrivaient à Chaumont.

Le Grand Quartier Général américain allait donner aux soldats de Wilson les directives. l'impulsion, la force qui devaient les conduire à la victoire aux côtés de la France.

Et c'est de Chaumont que ces directives, que cette impulsion partiraient.

C'est à Chaumont que se situait, dorénavant, le cerveau de l'une des grandes armées du Droit.

Le G. Q. G. américain à Chaumont

Cette fois, l'autorité municipale allait intervenir. Elle en avait le droit et le devoir,

Le 3 septembre 1917. la Municipalité invitait les habitants à pavoiser, en même temps qu'elle procédait à un premier recensement des chambres disponibles pour loger nos hôtes.

Il en fallait quelque trois cents. Ce n'était pas une petite affaire.

Dans la première quinzaine de novembre, le G Q. G, ayant reçu de nouveaux officiers, un nouvel appel du Maire sollicitait la bonne volonté des habitants. Elle ne fit pas défaut.

Le G. Q. G. américain était vraiment devenu Chaumontais.

La Toussaint de 1917

C'est ainsi que de nombreux officiers américains se mêlèrent à nos soldats et aux autorités civiles pour le pieux pélerinage de la Toussaint 1917.

Si les exigences de la censure ne permirent pas à la Presse de mentionner leur présence parmi les notabilités autrement qu'en ces termes discrets : « Des officiers alliés dont la présence est très remarquée », du moins leur fut-il rendu hommage devant les tombes de nos soldats.

Dans le discours qu'il prononçait à Clamart. M. Lévy-Alphandéry, Maire, disait notamment, parlant des américains :

« Ces freres d'armes par la volonté, le cœur et la raison, qui ressentent intensément. profondément. aujourd'hui, au milieu de nous, toute la douleur d'être si loin du foyer familial, des êtres aimés dont ils se sont séparés avec cette brutalité que crée le devoir. ces frères d'armes. les nobles Américains, verront comment nous savons honorer nos morts.

« Ils auront. devant cette foule attentive, recueillie et émue, l'impression nette et précise qu'ils ont bien fait de venir à nous, de mêler au nôtre leur sang jeune et généreux comme leur Pays. »

Les dames de Chaumont offrent un drapeau
au général Pershing

La cérémonie du 15 octobre 1917 va être symbolique de cette identification, de cette adoption spirituelle des américains par les chaumontais.

4 Juillet 1918. — Mémorial Day

*Les autorités civiles et militaires attendent l'arrivée
du général Pershing*

Elle a lieu à l'Hôtel-de-Ville.

Son but ? Remise au général Pershing d'un drapeau offert par les Dames de Chaumont.

Cela suffirait pour qu'en soit dégagé le sens.

Remettant le drapeau étoilé au général Pershing, M. le Maire de Chaumont s'exprima en ces termes :

« Les femmes de notre cité, courageuses et patriotes, ont voulu saluer votre présence parmi nous par cet hommage de bienvenue et de reconnaissance. Elles ont voulu, surtout, par un emblème choisi et offert par elles, prendre contact plus étroit et plus tendre avec vos vaillantes femmes d'Amérique, mères, femmes, filles, sœurs. plus vaillantes que toutes. puisqu'elles ont laissé, l'âme haute et le cœur fier, s'éloigner d'elles ceux qu'elles aiment, pour la défense du Droit, de la Justice, de la Liberté...

— Au nom du Conseil municipal, terminait M. le Maire, *de tous ceux, de toutes celles qui m'entourent dans une émotion patriotique je vous salue. Mon Général, et je confonds, dans le même et fervent attachement, les Etats-Unis et la France. »*

Le généralissime américain ne parlait point, alors. le français. Il répondit dans sa langue maternelle. Mais la loyauté du regard, l'éloquence du geste, les intonations de la voix qui ne cessaient d'être graves que pour devenir énergiques et tranchantes, permettaient de suivre la pensée, de lire dans l'âme du grand soldat.

L'assistance applaudit frénétiquement. On crie : « Vive Pershing ! Vivent les Etats-Unis ! »

Et les applaudissements redoublent quand le général Ragueneau, qui dirige la mission française auprès du G. Q. G. américain, traduit les paroles du général Pershing.

Le général Pershing a dit combien il avait été touché de la délicate pensée qui réunit autour de lui un grand nombre de français. Il a esquissé en phrases saisissantes de vérité ce qu'aura été la femme pendant la grande guerre ; il a proclamé la profonde affection, la grande admiration des femmes américaines pour leurs sœurs de France, leur volonté de les imiter dans la grande lutte où sombrerait tout ce que crée l'humanité si l'esprit germanique venait à triompher.

Le général Pershing faisait, ce jour là, du premier coup, la conquête de Chaumont.

Plus tard, la Municipalité lui décernera le titre de « Citoyen de Chaumont ». Il l'était, en fait, dès ce jour là.

L'installation du G. Q. G. américain à Chaumont et la cérémonie du 15 octobre sont perpétuées par une plaque de marbre, posée dans le vestibule de l'Hôtel-de-Ville et portant:

Le Jeudi 6 Septembre 1917

le général PERSHING,

Général en Chef des Armées Américaines,

a établi a Chaumont son Quartier Général.

il a été reçu a l'Hotel-de-Ville par la Municipalité et le Conseil Municipal

G. LÉVY-ALPHANDÉRY.   A. RENOULT.

faisant fonctions de Maire.   Adjoint.

Une Conférence Franco-Américaine

Il serait injuste de ne pas rattacher à la présence du Grand Quartier Général américain à Chaumont la conférence du 20 octobre.

Elle promettait par les orateurs : M Bouglé, professeur à la Sorbonne, et M. Veditz, attaché commercial à l'ambassade américaine.

Elle promettait aussi par son sujet : l'Effort américain.

C'est à cette occasion, en débutant, que M. Bouglé étonna quelques-uns de ses auditeurs, disons la majeure partie de ses auditeurs, en disant en substance :

« Nul, il y a quelques mois, ne pouvait prédire et prévoir que l'Amérique ferait cause commune avec nous. Tout, au contraire, indiquait qu'elle resterait neutre dans le conflit. *C'était logique, c'était inéluctable.* »

M. Bouglé montra ensuite comment il était logique et inéluctable qu'en face des crimes allemands, qu'en face de la menace que la ruée allemande faisait peser sur l'humanité civilisée, qu'en face du retentissement mondial des grands noms de la Marne, de l'Yser, de Verdun, le pacifisme des Américains devait céder à l'idéalisme, et l'idéalisme entraîner finalement les concitoyens du président Wilson à la défense du Droit et de la Justice.

M. Véditz fit un tableau précis, vivant — et réconfortant — des richesses et des ressources dont pouvait disposer l'Amérique au profit du pays dont elle venait d'embrasser la cause.

Il parla en réaliste. Il formula des critiques. Il exprima des regrets. Il ne se permit point de définir l'avenir autrement que par cette parole pleine de sagesse :

« C'est l'impression réciproque qui ressortira d'un rapprochement de deux races imposé par des nécessités rigoureuses, c'est ce choc, cette rencontre, la façon dont nous nous comprendrons, dont nous nous apprécierons qui régleront pour les siècles à venir les relations économiques de la France et des Etats-Unis. »

Parole qui n'a rien perdu de son intérêt et qu'il importe, au contraire, de méditer, au pied du monument franco-américain.

La Fête de Washington au G. Q. G. Américain

Le 22 février de chaque année, les Etats-Unis célèbrent l'anniversaire de Washington,

Le 22 février 1918, la grande République américaine n'était plus, tout entière, au-delà de l'océan.

Elle était également en France, en la personne de ses soldats vaillants.

Elle était à Chaumont, en la personne de quelques-uns de ses plus illustres enfants.

La fête de Washington fut célébrée à Chaumont à l'Y. M. C. A.

En voici le programme, dans toute sa saveur exotique.

WASHINGTON'S BIRTHDAY
Célébration

Y. M. C. A. AUDITORIUM

HEADQUARTERS A. E. F.
22 Février 1918

PROGRAMME

Musique : 6 th. G. A. Band. — Allocution : Bishop C. H. Brend Chairmann. — Allocution : M. Hugues Le Roux. — Chant : French. — Allocution : Mayor Herbert Parsons. — Chant : América. — Musique : 6 th. F. A. Band. — Allocution : The Mayor of Chaumont, M. Lévy-Alphandéry. — Chant : la Marseillaise et The Star Spangled Banner. — Musique : 6 th. F. A. Band.

Le journal « Le Gaulois » qui était représenté à la cérémonie en a laissé un compte rendu vivant, alerte, spirituel. Le voici :

C'est dans une hutte de bois, exilée d'un lac de boue, que la cérémonie bi-nationale de la fête de Washington a été célébrée au Quartier Général Américain. 1.500 soldats d'outre-mer, dans un silence religieux, entrecoupé d'applaudissements frénétiques. s'étaient assemblés pour écouter les discours de Français et d'Américains réunis par cette occasion solennelle et joyeuse.

L'évêque de Massachusetts, Bishop Brend, est venu, au nom de l'Eglise, rendre hommage à la France « qui non seulement est patiente, héroïque, belle, mais qui a la vision claire des idées les plus élevées ».

Ensuite, ce fut un grand écrivain français qui, avec une sincérité émouvante, a raconté quelques épisodes des deux guerres auxquelles les français et les américains ont pris part ensemble. Il a dit :

« *Aujourd'hui, les boy-scouts, petits-fils de La Fayette, marchent dans les défilés militaires à côté des descendants de Washington. Ils prennent par la main ces soldats yankees. Ils s'appuient d'instinct à cette énergie secourable qui, sur la terre où leurs pères et leurs frères sont tombés, vient lutter pour le triomphe définitif de la Justice.* »

Ce discours qui a pris les cœurs a été suivi d'une déclaration quasi-officielle apportée par un des hommes politiques américains les plus distingués, le député, à cette heure commandant Herbert Parsons. Cet orateur a rappelé les bienfaits sans prix prodigués par la France aux Américains en 1776.

4 Juillet 1918. — Mémorial Day

Le général Pershing arrive à l'Hôtel-de-Ville

Le Maire de X... (la censure ne permettait pas que l'on indiquât le siège du G. Q. G. américain), M. Lévy-Alphandéry a pris la parole au nom de la petite ville de 15.000 habitants qui hospitalise le Grand Quartier Général américain. Il a conclu sa très éloquente allocution par ces paroles heureuses :

« Washington était le père de son pays. Il combattait pour la liberté des siens. Les américains, à cette heure, tous citoyens du monde, se battent pour l'affranchissement de l'humanité tout entière. »

Au premier rang de ce public recueilli, des officiers s'étaient groupés. Ils écoutaient avec le même plaisir, la même simplicité que les « Sammies ». Lorsque le Maire a eu fini de parler, on a vu s'élancer vers lui une silhouette jeune, élégante et fine. C'était le chef des armées américaines en France, le général Pershing. De la joie éclairait sa figure énergique et à lui voir serrer la main de ce maire français qui, dans son uniforme bleu d'horizon faisait « l'autre armée » présente, les soldats américains ont éclaté en applaudissements dont l'écho sera entendu de l'autre côté de l'Océan.

La Fête de l'Indépendance des Etats-Unis

4 JUILLET 1918

Fête Nationale des Etats-Unis. Donc, Fête Nationale en France. Fête Nationale à Chaumont, siège du G. Q. G. américain.

Le général Pershing est reçu à l'Hôtel-de-Ville par M. le général Wirbel, commandant la 21ᵉ région, M. Jossier, préfet de la Haute Marne. M. le Maire. le Conseil municipal, M. Clermont, proviseur du Lycée.

La musique du 67ᵉ joue la Marseillaise. une musique américaine joue l'Hymne national américain.

La foule est énorme sur la place de l'Hôtel-de-Ville.

Le général Wirbel, M. le Maire et M. le Proviseur adressent tour à tour le salut de l'armée et de la population au général Pershing qui, visiblement ému, répond en anglais avec la plus parfaite bonne grâce.

Des enfants, garçons et fillettes, lui offrent des fleurs. Le général les embrasse tandis que la foule applaudit.

Le soir, une séance de gala réunissait au théâtre municipal les autorités civiles et militaires, le général Pershing,

de nombreux officiers américains et quantité de chaumontais, autant qu'en pouvait contenir le théâtre.

Chaumont comptait également. ce soir là, parmi ses
hôtes, l'un des plus brillants soldats de France, le général
Pétain.

« Notre théâtre est à l'honneur, s'écriait M. le Maire
dans son allocution d'ouverture ; j'ai la fierté de pouvoir
saluer, au nom d'une salle toute enfiévrée de patriotisme,
le général Pershing, (applaudissements) mais ma fierté se
double et mon émotion devient plus poignante encore de
voir aux côtés du généralissime allié notre général en chef
à nous, celui qui commande à nos petits troupiers de
France. »

Une indescriptible ovation est faite aux deux généraux.

Puis, après une charmante partie artistique, M. Tho-
mas Jonesco parle du martyre de la Roumanie, M. des
Ombeaux. littérateur belge, retrace quelques-uns des épisodes de l'invasion allemande ; c'est enfin M. Vettleton qui,
en un français impeccable, vient affirmer la volonté des
Etats-Unis de ne pas sortir de la guerre avant que les peu-
ples soient libres, avant que toutes les injustices aient été
réparées.

Le jour de l'Indépendance se terminait ainsi sur une
émouvante manifestation de solidarité inter-continentale.

Le 14 Juillet 1918

Ce jour là se resserrèrent encore les liens qui unissaient
Chaumont aux Américains.

Deux manifestations, surtout, marquèrent le sens de
notre Fête Nationale et la fusion des cœurs dans un même
idéal, dans un même culte de l'armée, dans une même
volonté de victoire.

La distribution des prix aux élèves du Lycée sous la
présidence du général Pershing.

La revue traditionnelle dont les troupes américaines
constituaient le principal élément.

* *
*

En dehors des personnalités officielles, du général Pershing qui présidait, du général Wirbel, commandant la 21e région, du Préfet de la Haute-Marne, du Maire de Chaumont, des membres de l'Enseignement, la distribution des prix réunissait un grand nombre d'officiers américains et français, parmi lesquels le général américain Brecoster et le général Ragueneau, chef de la mission française.

Le discours d'usage fut prononcé par M. Ledieu, professeur de seconde. L'orateur avait choisi ce thème, tout de circonstance, qui prêtait aux plus brillants développements: « De l'influence de la culture intellectuelle sur l'énergie morale et l'abnégation ».

M. le Proviseur offrit ensuite au Général, pour son fils, un magnifique volume : « Scènes et épisodes de l'Histoire de France », de Seignobos.

« Acceptez, pour lui, ce livre au nom des élèves du lycée. Ce sera un faible témoignage de la reconnaissance que nous devons à son père qui est venu commander en France les forces qui devaient assurer le triomphe de la Justice ».

Très ému, le général Pershing remercie en quelques paroles cordiales.

Il dit combien il est fier d'avoir été appelé à présider la cérémonie en présence de tant de jeunes gens et de jeunes filles « *appelés à soutenir dans l'avenir, devant le monde, la réputation glorieuse que la France a conquise durant cette terrible guerre.* »

Des acclamations accueillent ces paroles.

* *
*

La Fête Nationale ne pouvait, cette année là encore, que se condenser dans une revue militaire.

Mais la revue du 14 Juillet 1918 offrait cet intérêt qu'elle ne comportait que des contingents américains et qu'elle était passée par le général Pershing en l'honneur des autorités militaires et civiles françaises.

4 Juillet 1918. — Mémorial Day

Le général Pershing sur le perron de l'Hôtel-de-Ville

A dix jours de distance, deux grandes nations célébraient ainsi, étroitement confondues, leurs fêtes nationales respectives.

La revue passée sur les promenades fut splendide. Par la correction de leur tenue, par leur aspect magnifique et leur crânerie, les troupes américaines provoquèrent des applaudissements enthousiastes.

Mais à quoi bon insister ? Rien n'est plus éloquent que l'image.

La photographie a permis que cette splendide manifestation de la volonté américaine, de sa puissance d'adaptation aux exigences les plus graves, demeure, à travers le temps, autrement qu'en souvenir.

Laissons lui le soin de parler au lecteur.

Le général Pershing citoyen de Chaumont

Il n'est point besoin de dire que, depuis des mois, le général Pershing avait conquis le cœur de Chaumont, qu'il était devenu, en fait, citoyen de Chaumont.

Le 24 juillet 1918, une délibération du Conseil municipal, sur la proposition du maire, consacrait le fait.

Informé de cette décision, le général Pershing eut cette réponse qui dépeint bien l'homme loyal, le digne citoyen d'une grande démocratie :

« J'accepte de grand cœur le titre de Citoyen de Chaumont et je considérerai comme un honneur, égal à mon titre de général du corps expéditionnaire, celui de Citoyen de Chaumont. »

La Manifestation du 1ᵉʳ Novembre 1918

Le 1ᵉʳ novembre 1918, Chaumont était, tout entier, à ses morts et aux morts glorieux de l'armée américaine qui dormaient au cimetière américain de Saint-Aignan.

Pershing n'était pas là. Il collaborait à la victoire,

14 Juillet 1918

La Revue des troupes Américaines

Pershing enfonçait alors le front allemand de la Meuse.

Le communiqué américain du 1ᵉʳ novembre porte :

« La première armée américaine a continué son attaque sur la rive ouest de la Meuse, en liaison avec l'armée française opérant sur la gauche.

. . . . .

« Nos troupes victorieuses ont déjà pris et dépassé Saint-Georges, Landres, Landreville, Bayonville et Cléry-le-Grand.

« Jusqu'à présent, 3.602 prisonniers ont été dénombrés dont 151 officiers. »

Aussi bien, la manifestation de la Toussaint réunissait-elle les soldats américains présents à Chaumont et les autorités françaises dans un même culte fervent des morts glorieux des puissances alliées.

Elle se déroulait à Clamart, à Saint-Aignan, pour finir un peu plus loin, dans le cimetière spécial où d'innombrables et modestes croix s'alignaient déjà à l'ombre du pavillon étoilé, appuyant en quelque sorte de leur éloquence muette le langage du communiqué américain.

Et ce fut M. le colonel Maistre qui interpréta, en face de ces croix, les sentiments de la population qui étaient ceux de la France.

L'Allemagne a capitulé

Grande date dans l'histoire de tous les pays alliés. Et grande joie parmi leurs habitants.

Le 11 novembre 1918 l'Allemagne se reconnaît vaincue.

La guerre a pris fin, la victoire couronne les efforts des soldats de l'Entente et le sacrifice de ses morts.

C'est partout fête, et partout où se rencontrent des alliés, c'est la communion des cœurs dans une même allégresse.

A Chaumont, un vibrant appel de la Municipalité invite les habitants à pavoiser et à fêter une date inoubliable et historique entre toutes.

Et de fait, l'Hôtel-de-Ville et de nombreuses maisons

particulières s'ornent aussitôt de drapeaux aux couleurs alliées.

L'animation est grande tout l'après-midi.

Soudain, apparaît devant l'Hôtel-de-Ville une musique américaine qui vient donner un concert. On l'acclame.

Après l'exécution de la Marseillaise et de l'Hymne américain, M. Lévy-Alphandéry, maire de Chaumont, s'avance sur le perron de l'Hôtel-de-Ville, entouré des membres du Conseil municipal, annonce la conclusion de l'armistice et la victoire,

« Cette victoire, dit-il avec une émotion mal contenue nous la devons à nos glorieux poilus et à nos alliés représentés ici par l'admirable armée américaine. Nous ne saurions trop les remercier du précieux concours qu'ils nous ont prêté. Je vous invite à les acclamer avec moi et à crier : Vive la France, vive la République ! »

Une immense acclamation accueille ces paroles.

Le soir, dans les rues brillamment illuminées, français et américains fraternisent étroitement. Mêlés, ils s'abandonnent à la même joie et saluent de leurs vœux le même avenir plein de promesses.

Un souvenir de la Ville de Chaumont
au général Pershing

Nous touchons aux dernières manifestations qui marquèrent la présence du G. Q. G. américain à Chaumont.

La guerre est finie. La victoire est acquise. La parole ne reste plus qu'aux diplomates et le G. Q. G. a virtuellement cessé d'exister.

Le 17 novembre 1918, dans son cabinet de travail, le général Pershing recevait M. Lévy-Alphandéry, maire de Chaumont, assisté d'une délégation du Conseil municipal.

Etaient présents également, MM. Jossier, préfet de la Haute-Marne, le général Néraud, Blanguernon, inspecteur d'Académie, Mayer, directeur de la fabrique Tréfousse, ainsi que de nombreux officiers américains et les représentants de la presse locale.

15 Août 1918. — *M, Poincaré, Président de la République, remet au Général Pershing les insignes de Grand Croix de la Légion d'Honneur*

14 Janvier 1919. — *Le Maréchal Pétain remet les insignes de la Légion d'Honneur à des Officiers Américains*

M. Lévy-Alphandéry remettait au généralissime américain, au nom de la ville de Chaumont, un couteau en or portant sur un de ses côtés les armes de la ville, magnifique spécimen de notre industrie coutelière exécuté chez M, Louis Pernet, de Biesles.

En remettant au général l'écrin contenant le souvenir des Chaumontais, M. Lévy-Alphandéry s'exprimait ainsi :

Mon Général et Cher Concitoyen,

Vous savez tous les sentiments d'admiration reconnaissante que la population chaumontaise professe à l'endroit de la grande nation à laquelle vous appartenez, à l'endroit de la vaillante armée dont vous êtes le chef éminent.

Grâce à vous, grâce à votre si large concours en toutes choses, nous avons atteint le but si ardemment souhaité : la victoire couronnant nos Drapeaux réunis.

Pour vous prouver son respectueux attachement, le Conseil municipal a voulu que vous conserviez de notre cité, dont vous avez fait le siège du G. Q. G., un souvenir qui, plus tard. lorsque vous aurez regagné votre pays, vous rappellera votre séjour parmi nous et sera le témoignage toujours présent de l'affection fidèle de vos nouveaux concitoyens.

Ce souvenir, nous l'avons fait exécuter dans une de nos fabriques haut-marnaises les plus réputées. J'espère qu'il vous fera plaisir et c'est lui que j'ai l'honneur et l'agréable mission de vous offrir au nom du Conseil municipal et de la Ville de Chaumont.

Très ému, le général Pershing déclare qu'il n'oubliera jamais la façon aimable et empressée dont lui et les soldats américains ont été reçus à Chaumont.

Le couteau qu'on lui offre constituera pour lui un souvenir inestimable qu'il perpétuera dans sa famille.

Et comme les mêmes coutumes se répètent un peu partout, le général offre une pièce américaine de 0.25 à chaque assistant, afin de préserver l'amitié qui vient de se manifester, une fois de plus, des fâcheux effets attachés en tous pays à un instrument tranchant !

On rit. Et chacun d'accepter sa pièce de monnaie qu'il conservera. lui aussi, comme un souvenir.

Au nom de la Fabrique Tréfousse, M. Mayer, son directeur, offrait ensuite au général Pershing des gants pour lui
et son fils « comme un hommage respectueux d'une industrie chaumontaise presque centenaire ».

Le Mémorial-Day de 1919

Les jours ont passé. Le soldat a terminé sa glorieuse
tâche. Les Gouvernements poursuivent la leur à Versailles.

Mais le cycle impitoyable du temps ramène à échéance
invariable les jours du souvenir, ceux qui sont consacrés au
culte des morts.

Le Grand Quartier Général Américain célébrait encore
à Chaumont le Mémorial-Day de 1919 (30 mai). Et la population s'y associait de tout son cœur.

La cérémonie se déroulait au cimetière américain de
Saint-Aignan, cérémonie grande et digne dans sa simplicité.

Un seul discours, l'éloge des morts glorieux de l'armée
américaine par un pasteur protestant, en présence des
troupes américaines et des officiers français, auxquels
s'étaient joints nombre de Chaumontais.

M. Lévy-Alphandéry, maire de Chaumont. déposait des
fleurs sur les tombes américaines.

M. le Préfet s'était fait représenter par M. Buffenoir,
vice-président du Conseil de préfecture.

Le départ des Américains

Le Mémorial-Day du 30 mai 1919 marquait la dernière
des cérémonies officielles par où s'affirma, tant de fois, la
communauté d'idéal et une sympathie, une cordialité réci-
proques entre Français et Américains.

Le Grand Quartier Général Américain n'existait plus,
et une grande partie des officiers qui le composaient, la
plupart des troupes résidant à Chaumont quittaient notre
ville.

Le général Pershing, en prenant congé de M. le Maire, tint à lui dire, une fois encore, avec toute l'émotion qui enveloppe les paroles prononcées à l'ultime minute d'une séparation, combien il avait été touché de l'accueil réservé à ses soldats et quel souvenir impérissable il emportait de son séjour à Chaumont.

Chaumont n'oubliait pas, lui non plus.

A ce moment là, il existait déjà, entre Chaumontais et Américains, comme un gage d'union, le projet du Monument de l'Amitié Franco-Américaine en voie de devenir une réalité.

Cliché Maurice Laurent

25 Décembre 1918

Visite du Président Wilson. — Réception à la gare

Un Monument commémorera l'emplacement du Cimetière Américain

Le cimetière était contigu à celui de Saint-Aignan, route de Neufchâteau.

Les Chaumontais se souviennent des innombrables petites croix qui ornaient autant de tombes; toutes de la même dimension, image de l'égalité devant la mort.

Au milieu du cimetière, flottait le grand pavillon étoilé. On était là en terre d'Amérique.

Et ceux qui dormaient à l'ombre du drapeau Américain — au nombre de 600 — avaient sacrifié leur existence, brisés par la mitraille ou terrassés par la maladie, à la même cause que défendaient nos soldats et pour laquelle tant des nôtres moururent, eux aussi.

Leurs glorieuses dépouilles ont été transportées, depuis, dans la terre natale.

Le Cimetière Américain de Saint Aignan n'existe plus.

Mais un monument le commémorera.

Il fut décidé en séance du Conseil municipal du 23 décembre 1922.

A la séance du 23 mars 1923, M. le Maire fournissait au Conseil municipal les précisions suivantes :

« La municipalité s'est rendue sur les lieux et a arrêté l'emplacement du monument au tournant même de la route de la Maladière, un peu avant le cimetière de Saint-Aignan, de façon à ce qu'il ne se confonde pas avec le mur de ce dernier.

Ce monument se composerait d'une grande pierre tombale sur laquelle figureraient les armes de la Ville de Chaumont et celles de la grande République Américaine. Une inscription rappellerait que des soldats américains ont donné leur vie pour la défense de la cause de la Justice et de la Civilisation ».

Et le Conseil municipal votait à l'unanimité les crédits nécessaires.

L'INSTALLATION MATÉRIELLE
du G. Q. G. américain

Fournissons quelques précisions — à l'usage, surtout, des Américains qui ne manqueront pas de vouloir revivre les années de la guerre, lors des fêtes du 3 juin prochain — sur l'installation du G. Q. G.

Le général Pershing et son état-major occupèrent, d'abord, la maison Quilliard, sise place du Champ-de-Mars.

Un peu plus tard, ils allèrent habiter le château du Val des Ecoliers, situé sur la route de Langres, à quatre kilomètres de Chaumont, et mis gracieusement à leur disposition par M. de Rouvre. son propriétaire.

C'est là que le général Pershing reçut le Président. de la République, M. Clémenceau, le généralissime anglais ; le Val des Ecoliers compta, ensuite, parmi ses hôtes illustres, le président Wilson et les Souverains belges.

Les secrétaires, dactylographes, dessinateurs, les services d'approvisionnement, de comptabilité s'étaient installés, eux, à la caserne Damrémont qui avait été, à peu près en entier, mise à la disposition des Américains.

Tout de suite, ils l'aménagèrent pour la circonstance, ils la blanchirent, ils l'éclairèrent à l'électricité avec leur promptitude de conception et d'exécution qui étonna, qui dérouta si souvent notre vieil esprit lent et méthodique !

La caserne d'artillerie sise à l'extrémité de l'avenue de la République était devenue un hôpital américain.

En même temps, s'élevaient partout des baraquements remarquablement combinés qui constituaient. au profit des soldats de Pershing, de véritables foyers américains.

Le plus populaire de ces baraquements fut la vaste construction du Champ-de-Mars qui portait les noms, et qui les a conservés dans le souvenir des habitants, d'Auditorium et de Maison de la Mutualité.

La prévoyance américaine avait installé là un mess pour les sous-officiers, une salle de récréation pour les soldats, les services de l'Y. M. C. A.

Presque tous les dimanches, des concerts y étaient donnés, des séances de boxe ou de gymnastique. groupant comme auditeurs ou spectateurs, autant de civils que de soldats américains. Car nos hôtes, loin de s'isoler, ne négligeaient, au contraire, aucune occasion d'associer les Chaumontais à leurs distractions.

Les baraquements du Champ-de-Mars furent cédés généreusement à la ville de Chaumont au départ des Américains.

Ils devinrent les témoins des diverses manifestations de notre vie locale : réunions, vins d'honneur, fêtes corporatives. etc....

Puis. la vie normale reprenant de plus en plus ses droits, ils durent disparaître. Et ils sont, maintenant, la propriété de l'une de nos sociétés sportives.

Des constructions américaines du temps de guerre, il reste encore, Avenue des Etats-Unis, un baraquement occupé par les Ponts et Chaussées.

Signalons, dans la région, l'hôpital américain de Montigny-le-Roi, édifié de toutes pièces, et qui reçut la visite du président Wilson lors de son voyage de décembre 1918.

Mais tout cela n'est plus qu'un souvenir, de même que cette activité intense, cette vie fiévreuse, ce mélange des uniformes, cette variété des langues qui donnaient à notre cité, pendant deux ans, l'allure si curieuse d'une ville internationalisée.

Chaumont ne l'était-elle pas, sous l'égide de l'idéal commun qui faisait battre, d'un même rythme. des cœurs en apparence si éloignés l'un de l'autre ?

Souvenirs ? Soit. Mais ces souvenirs demeurent. Ils seront transmis par la tradition de père en fils. Et la pierre du monument de l'Amitié Franco-Américaine. et la pierre commémorative du Cimetière Américain de Saint-Aignan, viendront appuyer la tradition de toute leur autorité et de toute leur éloquence, en dépit des assauts du temps.

Cliché Maurice Laurent

25 Décembre 1918

VISITE DU PRÉSIDENT WILSON

M. Wilson sort de l'Hôtel-de-Ville

Au fronton de l'Hôtel-de-Ville flotte le Drapeau Américain

L'ESPRIT DE GUERRE AMÉRICAIN

Ce petit retour aux années vécues avec les américains, cette évocation d'un passé commun à la France et aux Etats-Unis, ne seraient pas complets sans un hommage à l'esprit de guerre américain.

Tout le monde a conservé le souvenir de cette phrase admirable de simplicité et de grandeur, du général Pershing au maréchal Foch, lors des jours angoissants de mars 1918.

Les Allemands tentaient leur ultime effort sur Amiens ; ils cherchaient la percée du front en direction de Calais que ne leur avait pas permise la bataille de l'Yser d'octobre 1914.

C'est alors que le général Pershing s'adressant au généralissime des armées alliées lui déclara : « Monsieur le Maréchal, nous voici, je vous apporte mon épée. Prenez-nous, commandez-nous. Vous êtes le Chef, nous serons vos soldats ».

Belle parole qui caractérisera à jamais le général Pershing.

Ordre du jour de prise de possession
du commandement

Le général Pershing se révélait, déjà, dans son ordre du jour de prise de possession du commandement du corps expéditionnaire.

« Les conditions dans lesquelles nos troupes servent en Europe, y était-il dit, sont telles qu'elles réclament la plus scrupuleuse observation des règlements relatifs à l'uniforme ».

Et plus loin :

« Les officiers, les engagés et toutes les personnes

autorisées à porter l'uniforme et attachées à l'armée dans
n'importe quel emploi, ne doivent porter d'autres effets que
ceux de l'uniforme réglementaire.

« Le Commandement en chef recommande cette ques-
tion de l'uniforme et du salut : c'est celle par laquelle se
manifeste la fierté de tout soldat des forces américaines en
expédition. La bonne tenue, la propreté rigoureuse déno-
tent dans toutes les armées le respect de la discipline ».

Pershing affirme sa confiance

Citons encore, comme une expression de l'esprit de
guerre américain, cette parole de Pershing au *Times* du
17 décembre 1917, qui réfutait un mensonge allemand :

« Il ne faut pas qu'aux Etats-Unis on croie à la thèse
selon laquelle j'aurais dit que nous ne pourrions pas briser
la ligne allemande. *Nous pouvons la briser avec un coin
humain et nous le ferons. Que tout le monde sache notre
détermination de vaincre.* »

La réduction de la « Hernie de Saint-Mihiel »

L'un des plus beaux faits d'armes de l'armée américaine, celui qui produisit une particulière émotion à Chaumont, fut la « réduction de la hernie de Saint-Mihiel ».

On sait que, depuis 1914, les allemands étaient parvenus
à enfoncer un coin dans nos lignes qui couvraient la Meuse
entre Toul et Verdun.

— La « Hernie de Saint-Mihiel » qui demeura irréduc-
tible pendant quatre ans. —

Le 12 septembre 1918, les américains, opérant en liaison
avec l'armée française, perçaient les lignes allemandes,
libéraient « 150 milles carrés de notre territoire et faisaient
45 mille prisonniers. »

Le saillant de Saint-Mihiel n'existait plus.

Cette victoire enthousiasma particulièrement les Chaumontais. Saint-Mihiel était l'un des points du front les plus
rapprochés de nous.

Il apparaissait aux Chaumontais que la libération de Saint-Mihiel effaçait la dernière trace des mauvais jours de 1914 et préludait à la victoire décisive.

Moins de deux mois après, en effet, l'Allemagne avait capitulé.

La victoire américaine de Saint-Mihiel avait eu son écho à l'Hôtel-de-Ville par une adresse de la Municipalité et du Conseil municipal au général Pershing où il était dit, notamment :

« Coude à coude, cœur à cœur, en deux jours, les troupes américaines étroitement unies aux troupes françaises, ont libéré une partie importante du territoire français envahie depuis quatre ans.

« Elles ont droit, pour cette victoire, à la reconnaissance de toute la France et le Conseil municipal de Chaumont est particulièrement fier de renouveler au général Pershing l'expression de son admiration et de sa fidèle affection ».

En même temps, la Municipalité avait fait pavoiser l'Hôtel-de-Ville aux couleurs franco-américaines.

La France rend hommage
à l'Esprit de Guerre Américain

Dès le 5 août 1918, le Gouvernement français rendait hommage au bel esprit de l'armée américaine en élevant son chef, le général Pershing, à la dignité de Grand-Croix de la Légion d'honneur.

« On veut reconnaître par cette distinction, écrivait M. Clemenceau au généralissime, les éminentes qualités dont vous avez fait preuve et les remarquables services que vous avez rendus en organisant si patiemment les forces américaines.

« La France n'oubliera jamais que c'est au moment où la lutte était la plus dure que vos vaillantes troupes sont venues joindre leurs efforts aux siens ».

C'était l'époque où les forces franco-américaines exploitant la victoire de la seconde Marne repoussaient l'ennemi au nord de l'Aisne et de la Vesle.

A eux seuls, les Américains avaient fait 8.400 prisonniers et capturé 133 canons.

Quelques jours plus tard, M. Poincaré, Président de la République, et M. Clemenceau, Président du Conseil, rendaient visite au G. Q. G. Américain et, dans la cour d'honneur de la caserne Damrémont, M. Poincaré remettait les insignes de sa nouvelle dignité au général Pershing.

La cérémonie fut discrète — pour des raisons d'ordre militaire.

Seule, la photographie a permis qu'il en fut conservé trace.

* *
*

Le 14 janvier 1919, le maréchal Pétain remettait 10 croix de Commandeur et 11 croix de Chevalier à des officiers américains.

La cérémonie se déroulait, comme la précédente. à la caserne Damrémont. mais publiquement cette fois.

Y assistaient le général Wirbel, commandant la 21ᵉ région, les généraux en retraite Vonderscher et Néraud, le capitaine d'état-major Lévy-Alphandéry, maire de Chaumont ; les soldats de la garnison de Chaumont rendaient les honneurs.

Le cliché a conservé également le souvenir de cette cérémonie qui consacrait, comme la précédente, la valeur de l'armée alliée et de ses chefs.

de mes concitoyens répondent d'une façon exacte aux vôtres ».

Au dehors, la foule applaudit et lorsque le Président regagne son auto, des centaines de mains se tendent vers lui, sans souci de l'étiquette, affirmant ainsi, d'une émouvante façon, si elle était peu protocolaire, la fraternité franco-américaine.

M. Wilson passait, le lendemain, une grande revue des troupes américaines à Hûmes et visitait ensuite l'hôpital américain de Montigny-le-Roi.

LA VISITE DES SOUVERAINS BELGES

Plus émouvante encore la visite des souverains belges. On peut le dire sans risquer d'éveiller nulle part aucune susceptibilité.

Cliché Maurice Laurent

20 Mars 1919. — Visite des Souverains belges

Sur le perron de l'Hôtel-de-Ville

La Belgique ? N'était-ce pas, en quelque sorte, le prolongement de la France mutilée, la première victime de l'agression, la victime volontaire qui préfère la souffrance au déshonneur ?

Et la Belgique pouvait-elle mieux se résumer qu'en la personne de ses souverains, que quatre ans d'épreuves, de persévérance et d'héroïsme avaient popularisés dans le monde entier ?

Les Souverains belges furent les hôtes du général Pershing, au château du Val-des-Ecoliers, le 19, 20 et 21 mars 1919.

Ils voyageaient en auto.

Le 20 mars, ils furent reçus à l'Hôtel-de-Ville à 11 h. du matin.

Répondant à l'appel de la Municipalité, un grand nombre de nos concitoyens avaient pavoisé.

L'Hôtel-de-Ville avait reçu, lui aussi, sa parure des grands jours. Des pas-perdus au salon de réception du premier étage, des plantes vertes à profusion.

Dehors, une foule compacte. Dans la salle des fêtes, les invités.

C'est un instant de profonde émotion lorsque les souverains descendent d'auto, accompagnés du général Pershing.

Les enfants des écoles chantent la Brabançonne que dominent les vivats de la foule. Et les vivats se continuent lorsque les souverains pénètrent à l'Hôtel-de-Ville, aux côtés de M. le Maire et de M. le Préfet.

Puis, l'un et l'autre expriment aux souverains les sentiments d'admiration et de fraternité qui sont ceux de la Haute-Marne à l'adresse du peuple Belge, l'honneur que ressentent les Chaumontais, le bonheur qu'ils éprouvent de pouvoir acclamer Ceux qui incarnent à un si haut point le Devoir.

Ensuite, M. Blanguernon, Inspecteur d'Académie, dans un beau langage, dit le haut enseignement qui découlera, désormais, pour l'éternité, de l'histoire belge de ces quatre dernières années.

20 Mars 1919. — Visite des Souverains belges

Le départ de l'Hôtel-de-Ville

Très ému, le Roi remercie en son nom et en celui de la Reine.

Il parle simplement, sa figure est grave, empreinte de mélancolie. Mais on sent la résolution dans cette âme qui ne concevait pas autrement que comme un devoir de repousser les insolentes sommations de l'ennemi.

On l'applaudit frénétiquement. M. Lévy-Alphandéry offre à la Reine une boîte de gants, souvenir de la Ville de Chaumont.

Et c'est au rythme de nouvelles acclamations que les souverains quittent l'Hôtel-de-Ville pour regagner le Val des Ecoliers.

*
* *

Deux plaques en marbre noir perpétuent le souvenir de ces visites.

Elles portent, gravées en lettres d'or :

LE 25 DÉCEMBRE 1918.
MONSIEUR WILSON.
PRÉSIDENT DE LA RÉPUBLIQUE DES ETATS-UNIS D'AMÉRIQUE,
A ÉTÉ REÇU EN CET HOTEL DE VILLE
PAR LE CONSEIL MUNICIPAL

G. LÉVY-ALPHANDÉRY,   A. RENOULT,
faisant fonctions de Maire.   Adjoint.

*
* *

LE 20 MARS 1919.
LEURS MAJESTÉS

LE ROI ET LA REINE DES BELGES

ONT ÉTÉ REÇUS EN CET HOTEL DE VILLE
PAR LE CONSEIL MUNICIPAL

G. LÉVY-ALPHANDÉRY,   A. RENOULT,
faisant fonctions de Maire.   Adjoint.

LE MONUMENT
de l'Amitié Franco-Américaine (1)

Ce dernier chapitre constituera la conclusion d'une petite revue de grands événements.

De même que le Monument de l'Amitié Franco-Américaine et les fêtes d'inauguration du 3 juin consacreront définitivement le souvenir d'une formidable épopée dont plusieurs pages, et non des moindres, furent écrites à Chaumont.

(1) Ce Monument est l'œuvre du sculpteur Constant Roux.

Le 26 août 1918, le Conseil municipal de Chaumont décidait l'érection d'un monument par la résolution suivante votée à l'unanimité.

« Le Conseil municipal réuni en séance le 26 août 1918, décide à l'unanimité, sur la proposition de M. le Maire, pour consacrer d'une façon impérissable l'amitié franco-américaine qui s'est cimentée à Chaumont d'une façon si étroite, de lui élever un monument sur une des places publiques ou promenades de la ville, et de demander, à cet effet, le concours de l'Etat, du Département, en même temps que de la Chambre de Commerce, en même temps qu'il s'adressera à la générosité privée, certain de trouver, auprès de chacun d'eux, l'accueil le plus chaleureux. Ouvre déjà, en ce qui le concerne, un crédit de 5.000 francs ».

Dès le 14 octobre suivant, l'idée faisait un premier pas vers la réalisation par la constitution d'un comité actif à Chaumont, d'un comité central et de sous-comités d'arrondissement, tous ces comités et sous-comités réunissant des personnalités de tous les partis, de toutes les confessions, unies dans un même idéal.

Dès le 27 octobre, paraissait dans la presse la première liste de souscription, en tête de laquelle s'inscrivent :

le Conseil général. . . . .   10.000 fr.

la Ville de Chaumont. . . . .   5.000 fr.

marquant, par là, que si l'idée du monument avait pris naissance à Chaumont et que si Chaumont pouvait, à bon droit, revendiquer la garde du monument, l'œuvre était haut-marnaise d'esprit et de cœur.

Bientôt, en effet, les souscriptions se multipliaient, émanant des Conseils municipaux et des particuliers. De telle sorte qu'il ne se trouve pas une commune de notre département qui n'ait apporté sa pierre au groupe de l'Amitié franco-américaine.

Le 3 juin, les Maires du département se grouperont, nombreux, dans le cortège qui se rendra au pied du Monument, et nombreuse sera la foule accourue de toutes parts. Ils apporteront au gouvernement de la République l'assurance de leur loyalisme et de leur patriotisme.

Il diront également à nos hôtes américains, aux héros de la journée, que la Haute-Marne n'oublie pas.

La Haute-Marne, porte-paroles, en la circonstance, de la France.

LE MONUMENT A L'AMITIÉ FRANCO-AMÉRICAINE

Œuvre de Constant Roux